내 이름은
다윗

내 이름은 다윗

초판 1쇄 펴낸날 2024년 12월 23일

글쓴이 이연경
인형 이윤서
펴낸이 박종태

책임편집 옥명호
교열 이화정 옥명호
디자인 스튜디오 아홉
제작처 예림인쇄

펴낸곳 몽당연필
출판등록 2004년 4월 29일 (제2022-000001호)
주소 10849 경기도 파주시 월롱산로 64(야동동)
전화 031-907-0696　　**팩스** 031-905-3927
이메일 visionbooks@hanmail.net
페이스북 @visionbooks　　**인스타그램** vision_books_

마케팅 강한덕 박상진 박다혜
관리 정광석 박현석 김신근 정영도 조용희 이용주 김석현
경영지원 김태영 최영주
공급처 ㈜비전북
　　　　　T. 031-907-3927　　F. 031-905-3927

ISBN　979-11-91710-10-6　73230

참 자아를 찾아가는
한 소년의 내면 성장기

내 이름은
다윗

이연경 글 | 이윤서 인형

몽당연필

차례

주위 사람들은 여러분을 어떻게 부르고 있나요?

아마도 태어날 즈음 누군가 지어 준 이름으로

가장 많이 부르겠지요?

그 이름이 너무 익숙해서 별다르지 않아 보이지만

누군가가 나의 이름을 불러 주는 건 참 특별한 일인 것 같아요.

이 이야기의 주인공은 제법 유명하답니다.

그 이름이 성경에 무려 600번 넘게 적혀 있을 만큼요.

그런데 놀랍게도 그가 어렸을 땐 마치 이름이 없는 사람 같았어요.

모두가 그를 이름 대신 '꼬마'라고 불렀거든요.

그마저도 다정하게 불러 주는 사람은 거의 없었지요.

그랬던 그가 하나님을 만나고 자신의 이름을 찾아가기 시작해요.
사람들도 그를 이름으로 불렀지요.
꼬마에서 '다윗'으로.

하나님 안에서 새롭게 자아상을 그리는 첫 걸음을 뗀
그의 이야기를 들어 볼까요?

1장

모두가 나를 꼬마라 불러

그가 친히 그 길을 만드시고 우리를 바다 가운데로 걸어가게 하셨으나 그곳에서 그분의 발자국은 볼 수 없었다네. 수많은 사람이 지나간 그 길 위에 그분은 자신의 흔적을 남기지 않으셨다네.

오늘도 들판에서 수금을 연주하며 노래합니다. 수백 년 전에 갈라졌던 바닷길을 떠올리면서요. 눈을 감아 봅니다.
물기를 가득 머금은 시원한 바람이 얼굴을 만지네요. 웅장한 소리와 함께 강한 동풍이 바다에 길을 만들고 있어요. 그분의 손길을 찬양하며 사람들이 그 안으로 걸어가기 시작해요. 숨을 죽이며 나도 마른 바닷길 안으로 걸음을 떼어 봅니다. 바다의 바닥, 그 속으로.

매애-
그때 새끼 양 한 마리가 내 어깨를 툭 건드렸어요. 눈을 떠 보니 해가 지고 있네요. 똘망똘망한 눈으로 나를 바라보는 양의 머리를 쓰다듬어 주었어요.
"늦을까 봐 알려 준 거야? 기특한 녀석"

해가 짧아지는 시기가 돌아왔어요. 이때쯤의 밤하늘은 무척 아름답지요. 하지만 지금은 그런 감상에 빠져 있을 때가 아니에요. 검술 시합 전날이면 엘리압 형은 평소보다 몇 배로 날카로워지거든요. 형의 갑옷을 닦아 놓지 않으면 얼마나 화를 낼지 몰라요.

두 발은 집을 향해 달려가지만 마음은 집에서 달아나고 있어요. 잠시 숨을 고르며 나도 모르게 중얼거렸어요.

"힘들어요, 하나님……"

그러고 나서 금방 고개를 저었어요.

'바보 같이……. 나 같은 놈의 말을 들을 리 없잖아.'

나는 쓴웃음을 지으며 서둘러 집으로 갔어요. 다행히 엘리압의 기분을 거스르기 전에 갑옷을 닦아 놓을 수 있었지요.

가족들이 모두 잠든 시간, 마구간 앞에 앉아 밤하늘을 바라보았어요.

'별이 참 많기도 하다. 몇 개나 될까? 셀 수는 있나?'

별을 세다가 금방 포기했어요.

'저 별들을 만드신 분이 우리 민족을 별처럼 많아지게 하셨지. 그런데

이제 너무 많아져서 하나님도 세어 보다가 나 같은 건 그냥 지나치실 거야.'

나는 이번에도 쓴웃음을 지으며 짧은 한숨을 내쉬었어요. 저 아름다운 별들을 만드신 분은 별처럼 빛나는 유명한 사람들만 알고 계실 것 같았거든요.

'엘리압 형이나 삼마 형처럼 잘생기고 키가 크면 모를까 나처럼 하찮은 꼬마의 이름까지 아실 리 없지. 가족들도 제대로 불러 주지 않는 이름인데……'

나의 마음은 밤하늘보다 더 어두워졌어요. 그리고 나를 무시하고 놀려 대는 가족들의 얼굴이 떠올라 그 자리에서 벌떡 일어났어요.

'에이, 자꾸 떠올려 봐야 마음만 상할 뿐이지. 잠이나 자러 가자.'

새로운 하루가 시작되었어요. 다행히 어제보다 나은 기분으로 양들을 돌볼 수 있었어요.

일을 마치고 집으로 내려갈 채비를 하는데 멀리서 누가 뛰어오고 있었어요. 우리 마을에서 발이 가장 빨라 들판을 오가며 사람들의 소식을 전해 주는 아이였어요. 그 아이는 나와 가까운 곳에서 양을 돌보고 있던 요담 아저씨네 목동에게 소리쳤어요.

"큰일났어요! 요담 아저씨네 마구간이 무너졌어요!"

아이는 잠시 숨을 고르고 나서 메고 있던 가방을 목동에게 건네고는 이어서 말했어요.

"그래서 마구간을 고칠 때까지 집에 오지 말고 들판에서 양들을 지키래요. 여기, 오늘하고 내일 먹을 음식이랑 담요예요!"

아이는 말을 마치자마자 다시 마을로 달려갔어요.

해가 짧아지기 시작한 베들레헴의 밤은 너무 추워서 담요 하나로 버티기는 어려워요. 나는 고개를 떨구고 있는 그를 조용히 바라보다 말했지요.

"나랑 같이 내려가요. 우리 집 마구간 정도면 요담 아저씨네 양들도 다 들어갈 거예요."

"예? 아닙니다. 그럴 순 없어요! 저 때문에 불편을 끼치고 싶지는 않아요."

"이 밤에 여기 그냥 있다가는 심한 감기에 걸릴 거예요. 얼어 죽을

수도 있고요. 우리 집으로 같이 갔다가 내일 동틀 때 양떼를 데려가
세요."

"하지만 엘리압이 알면 가만히 안 있을 텐데……."

"같이 가지 않으면 나도 여기 남아 있을게요."

그는 아까보다 고개를 더 숙인 채 조용히 머리를 끄덕였어요.

2장

나는
못난 놈

아침 햇살이 밤새 차가워진 땅을 데우기 시작했어요. 요담 아저씨네 목동을 기다리는데, 가장 마주치고 싶지 않은 사람이 나타났어요.

"혀, 형! 벌써 일어났어요?"

엘리압은 짜증이 가득한 표정을 지으며 대답했어요.

"야, 꼬마! 너 혹시 어젯밤에……"

형은 말을 하다 말고 마구간 앞으로 빠르게 걸어갔어요. 그리고 입술을 꽉 깨문 채 무언가를 뚫어지게 봤지요. 그 순간 심장이 멎는 줄 알았어요.

'이럴 수가! 아깐 어두워서 못 봤는데……'

마구간 한쪽 벽에 늙은 양 한 마리가 죽어 있었어요. 서둘러 마구간 문을 열고 들어가 보니 요담 아저씨네 양이었어요.

'하필 이런 일이……'

온몸이 후들거리는 내게 형은 거친 목소리로 물었어요.

"꼬마! 저건 어디서 온 것들이야? 죽은 건 또 뭐고?"

"어제 요담 아저씨네 마구간이 무너져서 데려온 양들이에요. 죽은 양

도 아저씨네 양이고……. 죄송해요, 형. 이렇게 될 줄 몰랐어요.”

형은 내 대답을 듣고 소리를 질렀어요.

“뭐? 요담? 심심하면 우리 집에 시비를 거는 그 인간 말이냐?”

“네…….”

나는 고개를 숙인 채 대답했어요.

“자기 양이 우리 집에서 죽었으니 신이 나서 달려들겠군, 젠장!”

형은 크고 부리부리한 눈으로 나를 노려보며 말했어요.

“네 놈의 바보짓에 넌덜머리가 난다. 그 인간이 이 일로 우리 집안에 트집 잡을 걸 생각하니 머리가 지끈거려. 어쩌다 저런 멍청한 놈이 우리 가문에 태어난 건지!”

“죄송해요…….”

형은 아무런 대꾸도 하지 않고 성큼성큼 걸어가 버렸어요. 형의 발끝에 차인 작은 돌멩이들이 거칠게 튀어 올랐어요. 형의 화는 쉽게 풀리지 않을 것 같아요.

멍하니 죽은 양을 보고 있는데 요담 아저씨네 목동이 뛰어왔어요. 나는 조심스레 그에게 양을 보여 주었지요. 그의 얼굴이 금방 굳어 버렸어요.

"아니 이게 무슨……. 차라리 나를 들판에 두고 오지 그랬어요. 난 이제 죽은 양보다 못한 목숨입니다. 앞으로 내 일에는 쓸데없이 끼어들지 마세요!"

그는 거칠게 마구간 문을 열고 양들을 데리고 가 버렸어요. 횅한 마구간처럼 나의 마음도 텅 비어 버렸어요.

들판으로 가는 길이 멀게 느껴졌어요.

양들을 들판에 풀어 두고 시냇가로 내려갔지요. 물 위에 비친 나를 본 순간 나도 모르게 눈을 질끈 감았어요.

'못난 놈…….'

한참 후에 눈을 뜨니 물 위에 떠서 아래로 흘러가는 꽃잎 하나가 보였어요. 어디로 가는지도 모른 채 그저 물길에 떠내려가는 꽃잎처럼 나도 하찮게 느껴졌어요.

문득 나도 모르게 화가 치밀어서 소리를 질렀어요.

"하나님, 왜 나를 만드신 거죠? 왜 하필이면 이렇게 못나게 만드셨냐 구요!"

한참을 씩씩거리다 지쳐서 털썩 주저앉았어요. 태양이 하늘에 붉은 색을 칠하며 지고 있었어요. 초저녁의 선선한 바람이 축축한 눈가를 말려 주었어요. 가시와 엉겅퀴가 많은 들판이지만 내 마음은 오히려 사람이 없는 이곳에서 아물곤 했어요.

3장

집으로 가는
불안한 마음

평소보다 일찍 일어난 탓인지 졸음이 몰려왔어요. 잠을 깨려고 수금을 연주하고 있는데 멀리서 누군가 달려오는 것이 보였어요.

'누구지? 발 빠른 그 아이인가?'

가만 보니 넷째 형이었어요. 나는 깜짝 놀랐어요. 넷째 형은 양이든 소든 동물이라면 끔찍이 싫어하거든요.

"야, 꼬마! 내가 여기 있을 테니까 넌 저 양들 내 근처에 못 오게 해 놓고 빨리 집으로 가!"

형은 양들이 옆에 올까 안절부절못하며 말했어요.

"쟤네 얌전히 있겠지?

"형이 건들지만 않으면 풀만 뜯고 있을 거예요. 그런데 지금 집으로 가라고요? 왜요?"

"가 보면 알 테니 묻지 마. 왜 하필 그 사람이 와 가지고……. 젠장! 이 양들은 봐도 봐도 적응이 안 돼"

'그 사람?'

형이 말하는 사람이 누군지 궁금했지만 묻기보다는 집으로 가서 확인하는 편이 나을 것 같았어요.

집이 가까워질수록 그 사람이 누구일까 하는 궁금증은 사라지고 불안감만 커져 갔어요. 가족들은 내가 실수를 하거나 잘못을 저질렀다고 생각할 때 나를 찾곤 했으니까요.

마을 입구에 다다르니 평소와 달리 마을이 소란스러웠어요. 우리 집 근처에 제법 많은 사람이 북적이고 있었고요.
'이게 다 무슨 일이야?'
불안감과 놀라움으로 발을 떼지 못하던 그때, 여섯째 형이 나를 보더니 달려와 소리쳤어요.
"꼬마! 빨리 들어와!"
마당에 들어서니 마구간 근처 그루터기에 처음 보는 사람이 앉아 있었어요.
'저 사람이 형이 말하던 그 사람인가?'
그는 눈을 떼지 않고 나를 쳐다봤어요. 왠지 몰라도 조금 놀란 표정이었어요.
"빨리 오라니까!"

여섯째 형이 재촉하며 내 손을 잡아 끌더니 귓속말을 했어요.

"야, 꼬마. 저기 앉은 사람이 누군 줄 아냐?"

"아뇨. 저는…… 모르겠어요."

"당연히 모르겠지. 누가 상상이나 했겠어? 이 촌구석에 사무엘이 올 거라고 말이야!"

나는 귀를 의심했어요.

'사무엘? 저 사람이 그 사무엘이라고?'

"우린 다 거절당했어. 너만 남았지. 이제 꼬마 네 차례야!"

여섯째 형은 나를 그의 앞에 밀쳐 놓고는 다른 형들 사이로 갔어요.

형들은 잔뜩 불쾌한 표정을 지은 채 서 있었지요.

'그런데 뭐가 내 차례라는 거야?'

나는 쭈뼛대며 그의 앞에 섰어요. 사무엘은 자리에서 일어나 천천히 다가왔어요. 그러고 나서 한참 후에 입을 열었지요.

4장

그분이 나를
알고 계신다고?

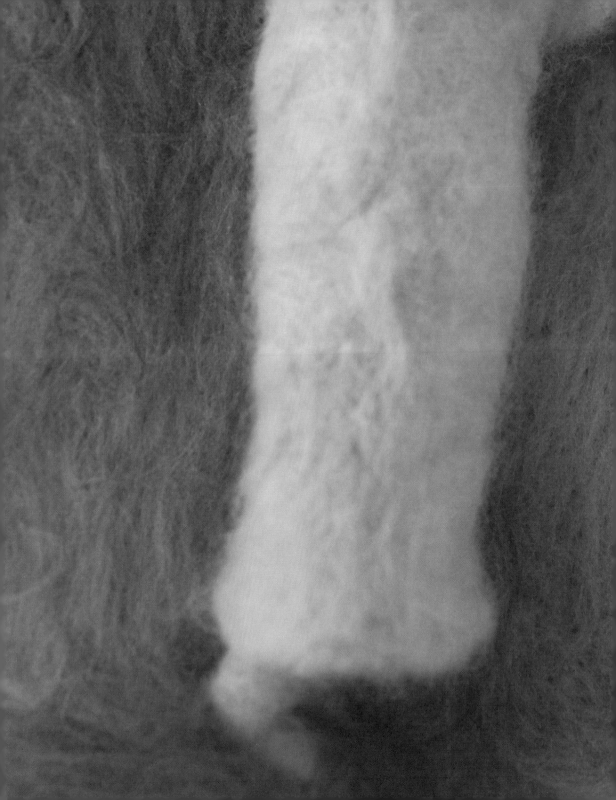

"자네로군."

그가 종에게 기름을 가져오라고 하자 우리 집에 모여든 사람들이 술렁이기 시작했어요. 사무엘이 다시 나에게 말했어요.

"무릎을 꿇게."

무슨 상황인지 이해되지 않아 멀뚱히 쳐다보고만 있으니 형들이 작고 낮은 소리로 꾸짖듯 말했어요.

"야, 꼬마! 귀 먹었냐? 무릎 꿇으라잖아!"

그러자 사무엘이 고개를 돌려 근엄하고 단호한 목소리로 형들에게 말했어요.

"조용!"

그 순간 나뭇잎도 흔들기를 멈춘 듯 고요해졌어요. 모두 그의 목소리에 눌려 꼼짝하지 않았어요. 그는 뿔 모양의 병을 들고 팔을 높이 뻗었어요.

사람들은 그의 움직임을 놓치지 않겠다는 듯이 숨죽인 채 그를 쳐다보았지요. 사무엘은 병 속에 담긴 기름을 내 머리 위에 천천히 부었어요. 조용하던 사람들이 다시 웅성거리기 시작했어요.

하지만 그곳에 있던 누구보다도 당황한 것은 바로 나였어요. 기름이 머리에서 볼을 타고 미끄러지며 턱 밑으로 뚝뚝 떨어지는데 어지러워 쓰러질 지경이었지요.

그는 여전히 알 수 없는 표정을 지으며 내게 물었어요.

"그러고 보니 자네 이름을 듣지 못했군. 다들 자네를 꼬마라고 불러서 말이야. 자네 이름이 뭔가?"

"다, 다윗입니다!"

"다윗……. 알겠네. 다시 볼 때까지 잘 지내고 있게."

그는 종에게 떠날 준비를 하라고 말했어요. 그가 탄 나귀가 마당 밖으로 나가려 할 때 나는 황급히 그에게 달려갔어요.

"예언자님!"

그는 말을 세우고 돌아보았어요.

"왜 제게 기름을 부으셨나요?"

"그건 차차 알게 될 걸세. 다만 이 일은 사람의 겉모습보다 마음 깊은 곳을 보시는 분이 하신 일이라는 것만 알아 두게."

"마음을 보시는 분이라면…… 설마, 하나님이요?

어찌나 큰 소리로 말했던지 내가 더 놀라 입을 가렸어요.

"왜 아니겠나?"

"그분이 저를 알고 계신다구요?"

사무엘 예언자는 나를 지그시 바라보며 대답했어요.

"나도 모든 걸 다 알 순 없지만 그분이 자네를 알고 계신다는 것은 확실하네."

그는 내 눈을 보며 말했어요.

"그분의 영이 자네 머리 위에 계시네."

'하나님이 나를 아신다고? 그분의 영이 내 머리 위에 계신다고?'

멀어져 가는 사무엘의 뒷모습을 보며 나는 생각에 잠겼어요. 그때 엘리압이 달려왔어요. 그는 내 어깨를 잡고 거칠게 흔들며 소리쳤어요.

"저자가 뭐라고 했어? 왜 너에게 기름을 부었지? 왜 우리는 아니라고, 왜 나는 아니라고 하는 거야?"

형은 어느 때보다 흥분해 있었어요.

"어…… 저도, 잘, 몰라요. 다만 하나님이 하신 일이라고 하셨어요."

"뭐라고? 하하, 웃기지도 않는군. 이 나라 최고의 예언자가 같잖은 양치기 하나 때문에 이 촌구석까지 왔다고? 그게 말이 되냐? 다른 사람도 아니고 너 같은 놈을 위해서? 그런 말도 안 되는 소리를 믿진 않겠지?"

"그게…… 저도 말이 안 된다고 생각해요."

"그렇지? 그것 봐, 꼬마야. 너는 지금 속은 거야."

"하지만…… 믿고 싶어요."

"뭐?"

"그분이 제가 누군지 알고 계신대요. 저는 그 말을 믿고 싶어요. 아니, 믿을 거예요!"

그때 사람들이 우리에게로 몰려오는 것이 보였어요. 그러자 형은 그 길로 밖으로 나갔어요. 이번에도 발끝으로 자갈들을 거칠게 차면서요. 하지만 그의 화난 모습이 예전처럼 두렵지 않았어요. 내 속에는 '그분이 나를 알고 계시다'라는 메아리만이 쉼 없이 울리고 있었어요.

5장

가장 유명한
사람과의 만남

양들과 함께 들판에 있는데, 이번에도 누가 나를 찾아왔다고 했어요. 사무엘 예언자께서 또 오셨을까 기대하면서 집으로 달려갔지요. 설레는 얼굴로 대문을 열자, 마당에는 갑옷을 입은 군사들이 서 있고 그 옆에 아버지가 초조한 표정으로 계셨어요.

"막내야. 사울 임금님이 너를 찾으신다는구나."

"네? 저를요? 왜요?"

"그러게 말이다."

아버지의 목소리가 떨렸어요. 군사 중의 하나가 대답을 했어요.

"걱정 마시오. 당신 아들의 수금 연주 솜씨가 좋다는 소문이 왕궁까지 들려서 그 때문에 온 거요."

그제야 아버지는 숨을 길게 내쉬었어요. 그러고는 왕궁에 가져갈 것들을 챙겨 주시며 재촉했어요.

"얼른 떠나거라. 임금님이 기다리신다는데 서둘러야지."

"지금 바로요? 양들은 어쩌고요?"

"형들이 있으니 걱정 말고 가거라."

군사들을 따라가며 곧 마주할 왕이 어떻게 생겼을지 상상했어요. 사울 왕은 키가 훤칠하고 잘생긴 외모로 유명했지요. 용기 있게 적들을 물리치던 이야기도 옛날부터 들어 왔고요.

사울 왕의 화려하고 멋진 모습을 상상하다 보니 문득 볼품 없는 내 모습이 보였어요.

'옷이라도 갈아입고 오는 건데…….'

나는 옷에 붙은 흙과 티끌을 털어 냈어요.

왕궁 앞에 도착하니 한 신하가 달려왔어요.

"생각보다 빨리 왔구먼! 따라오게."

성안으로 들어가며 그가 이야기했어요.

"다른 건 아무것도 필요 없네. 수금 연주만 잘하면 돼. 왕은 쓸데없는 말을 싫어하신다네. 쓸데없는 행동은 말할 것도 없고."

여러 개의 방을 지나 커다란 문 앞에 다다랐어요.

"왕이시여! 수금 연주자가 왔습니다!"

"들어오너라."

나는 천천히 그 문 안으로 들어갔어요. 태어나 처음 보는 온갖 장식물에 눈이 휘둥그레졌어요. 다른 신하들이 침대를 가린 천을 양쪽에서 걷었어요. 그러자 그곳에 앉아 있던 왕이 보였지요. 소문은 들었지만 그토록 아름다울 줄은 몰랐어요.

그런데 찬찬히 보니 조금 이상했어요. 메마른 입술과 눈썹 사이 깊이 패인 주름, 웃음기 없는 얼굴…… 전쟁을 치르느라 많은 시간을 밖에서 보냈을 텐데 그의 얼굴은 새하얬어요. 늘 화나 있는 엘리압 형보다 더 무서워 보였지요.

싸늘한 시선으로 나를 빤히 보던 왕이 말했어요.

"지금 바로 연주할 수 있겠느냐?"

어두움이 느껴지는 목소리에 소름이 돋았어요.

"네, 임금님!"

나는 얼른 수금을 꺼내 연주를 시작했어요. 왕은 조금 놀란 것 같았어요. 연주를 듣던 왕은 한 곡이 끝나기도 전에 다른 곡을 연주하라고 했지요. 여러 번 자리를 고쳐 앉으며 왕은 연주를 계속하라고 했어요.

조용한 기척에 고개를 드니 왕은 턱을 괸 채 눈을 감고 있었어요. 조금씩 소리를 줄이며 연주하는데 신하가 다가와 속삭였어요.

"잘했네. 왕께서 저렇게 편하게 잠드신 게 몇 년 만인지 모르겠군."

왕의 신하가 안내한 방에서 짐을 풀고 쉬는 동안에도 왕의 텅 빈 눈빛과 불안한 표정이 자꾸 떠올랐어요. 얼마 뒤 신하가 와서 말했어요.

"이보게! 왕께서 자네를 마음에 들어 하시네! 자네가 여기에 머물도록 필요한 것을 준비해 주라고 하셨어."

그는 목소리를 낮추고 말을 이어 갔어요.

"아까 자네의 연주를 듣는데 뭐랄까, 나를 짓누르던 짐들이 사라지는 느낌이 들었어. 내가 느낀 건…… 그래, 자유였어! 아마 왕은 더 하셨을 테지. 늘 무언가에 쫓기는 듯한 모습이셨으니……"

6장

그분과 함께
넘는 산

왕의 건강이 좋아진 후, 나는 집으로 돌아와 다시 양떼를 돌보며 지내고 있었어요. 그러던 어느 날, 블레셋 군사들이 골짜기 맞은편에 진을 쳤다는 소식이 들려왔어요. 사울 왕은 전쟁 준비를 하며 곧 군사들을 모으기 시작했지요. 우리 집에서는 첫째 형 엘리압과 둘째 형 아비나답, 셋째 형 삼마가 전쟁터로 갔어요.

"여보게 이새, 그 이야기 들었나? 블레셋 놈들 중에 엄청난 거인이 있다는군. 덩치가 보통 사람의 두 배가 넘는다는 거야! 아들이 셋이나 전장에 있으니, 자네 염려가 이만저만이 아니겠어……"
저녁에 요담 아저씨가 찾아와 걱정인지 조롱인지 모를 말투로 아버지에게 말했어요. 묵묵히 듣고 있던 아버지가 내게 말했어요.
"막내야. 내일 가서 진짜로 그런 놈이 있는지 직접 보고 오너라. 요즘 이 인간 허풍이 날로 심해져서 말이야."
"아니 이 사람이, 허풍이라니! 자네 막내 아들이 그 괴물을 직접 보고 와도 허풍이라고 할지 내 두고 보겠네!"
요담 아저씨는 씩씩거리며 집으로 돌아갔어요.

'정말 요담 아저씨가 말한 그런 괴물 같은 자가 있을까?'

다음 날 아침, 나는 집을 나섰어요. 상수리나무로 빼곡한 길을 지나며 생각에 잠겼지요.

'그런 자가 있다 해도 하나님이 함께하신다면……'

도착해서 보니 양쪽의 군사들은 드넓은 골짜기를 사이에 두고 마주하고 있었어요. 군사들 틈에 있는 형들을 찾아 아버지의 안부를 전하는데, 사람들이 웅성거리기 시작했어요. 골짜기 아래에 있던 블레셋 사람들 속에서 누군가 걸어 나오고 있었지요.

소문 속의 거인은 생각했던 것보다 훨씬 크고 무섭게 생겼어요. 손에 든 칼과 방패도 거대했고요. 하지만 마음을 다잡았지요.

'하나님이 함께하신다!'

거인은 넓게 트인 계곡 앞으로 걸어 나오며 소리를 질렀어요.

"겁쟁이 자식들, 오늘도 나와 싸워 볼 놈이 없냐? 너희 신도 겁쟁이다. 내가 무서워서 너희를 버리고 도망간 거야? 버려진 쓰레기 같은 놈들! 내 밑으로 기어온다면 너희 신 대신 내가 귀여워해 주마. 개처럼 말이다."

바위를 쇠로 긁는 듯한 목소리에 나도 모르게 움츠러들었다가 순간 정신이 번쩍 들면서 분노가 일어났어요.

'감히, 저런 말을 하다니……'

돌아보니 우리 편 군사들의 어깨가 잔뜩 움츠러들었는데 그 모습에 더 화가 났어요. 그때 누군가 하는 말이 들렸어요.

"저자가 또 살 떨리게 하는구먼. 누구든 저 거인을 죽이기만 하면 엄청난 상을 받는다지만 누가 나서겠나? 유명하다는 장군들도 다 웅크리고 있으니……"

나는 방금 말한 사람에게 물었어요.

"저…… 누구든지 저자를 죽이면 큰 상을 받는다고 하셨나요?"

"그, 그럼! 왕께서 분명 그리 말씀하셨네! 누구 데려올 사람이라도 있는가?"

그때 엘리압이 끼어들며 소리쳤어요.

"야, 꼬마! 너같이 하찮은 애들이 나설 자리가 아니야. 건방 떨지 말고 돌아가!"

"제가 뭘 잘못했다고 그러세요? 화는 저 블레셋 거인에게 내야 하는 거 아니에요?"

당돌한 내 말에 나도 놀랐지만 형은 더 놀란 것 같았어요. 큰형 엘리압은 나에게 가장 크고 단단한 산 같았지요. 하지만 거인 앞에서 겁을 먹은 그의 모습은 금방이라도 무너져 내릴 모래성 같았어요.

'지금까지는 형을 늘 두려워했지만 이제는 아니야.'

나는 물러서지 않기로 마음 먹었어요. 그 순간 그동안 나를 무시하면서 핀잔을 주거나 비난을 퍼붓던 엘리압 형의 말들이 내 발 아래서 부서지는 것을 느꼈어요. 속이 후련해지면서 용기가 솟았어요.

황당한 표정으로 서 있는 형 너머로 거인이 다시 내 눈에 들어왔어요.

'저것 또한 내가 넘을 하나의 산일 뿐이야.'

나는 당당하게 외쳤어요.

"내가 저 거인과 싸우겠습니다!"

거인을 상대하겠다고 한 내 말은 순식간에 왕에게 전해졌어요. 한 병사가 나를 왕 앞으로 데려갔지요. 밖은 태양의 열기로 이글거렸지만 천막 깊숙한 곳에 앉아 있는 왕의 주변에는 서늘한 기운이 감돌았어요. 왕의 얼굴은 여전히 달처럼 창백했지요.

"임금님, 제가 나가겠습니다. 하나님을 모욕하는 말을 더는 들을 수 없습니다."

내 말에 왕은 인상을 쓰며 대답했어요.

"저 거인과 싸우겠다고 처음으로 나선 자가 이런 꼬마라니, 하나님이 나를 놀리시는구나! 너 같은 꼬마가 저 거인을 상대한다는 것은 누가 봐도 말이 안 된다."

"임금님, 저를 보지 마시고 살아 계신 하나님을 봐 주세요. 제가 아니라 저와 함께하시는 하나님께서 우리에게 승리를 주실 거예요."

왕의 눈동자가 순간 흔들렸어요. 왕은 묘한 미소를 지으며 말했어요.

"좋다! 나가거라."

왕은 자신의 갑옷과 칼을 가져오라고 했어요. 왕의 갑옷은 마치 별을 녹여 만든 것처럼 번쩍였어요. 나는 한참 그 아름다움과 눈부심에 눈이 휘둥그레져 있다가 신하들의 도움을 받아 갑옷을 입었어요. 그들은 나뭇잎이 떨어져 스치기만 해도 반쪽이 될 것 같은 날카로운 왕의 검도 손에 쥐여 주었어요. 나는 완전무장을 하고 골짜기를 향해 걸어

갔지요.

그러나 몇 걸음 걷지 않고도 알 수 있었어요. 갑옷이 내게 불편하다는 것을요. 왕은 이 갑옷을 입고 많은 승리를 거두었겠지만, 나에게 맞는 것은 아니었어요. 내 모습 그대로 나가야 한다는 것을 깨닫고는 왕의 갑옷을 벗고 검을 내려놓았어요. 그리고 내 손에 가장 익숙한 막대기를 들고 주머니를 맨 뒤 골짜기로 내려갔어요.

거인과 가까워질수록 마음이 차분해졌지요. 나는 먼저 시냇가에서 몸을 숙이고 돌을 주웠어요.

'돌들아, 가자. 너희는 이제 하찮은 돌이 아니다.'

고인 물에 비친 내 얼굴을 보고 다짐했어요.

'내가 이 돌들을 보듯 그분이 나를 보고 계신다. 내가 이 돌을 집어들었듯 그분이 나를 집어들었다!'

슬며시 올라간 내 입꼬리를 거인이 보길 바라며 그를 향해 천천히 걸음을 옮겼어요.

7장

내 이름을
찾아 주신 하나님!

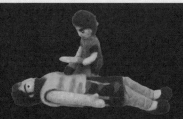

여전히 고래고래 소리를 지르던 거인은 뒤늦게 나를 발견했어요. 그는 킬킬거리며 말했지요.

"뭐냐, 이건? 웬 젖먹이 꼬마가 나오셨나?"

꼬마라는 말에 나는 표정이 굳어졌어요. 형들이, 사람들이 나를 얕잡아 부르던 이름이니까요. 거인은 내 얼굴을 보더니 더 신이 나 놀려 댔어요.

"꼬마야, 길이라도 잃었냐? 얼른 엄마한테 가서 젖이라도 더 먹고 좀더 커서 오너라, 하하하!"

'저놈 말에 흔들리지 말자. 나는 옛날의 그 꼬마가 아니야.'

나는 마음을 단단히 붙들었어요. 그리고 하나님께 기도했지요.

"하나님, 당신을 모독한 저 거인에게 이 꼬마 뒤에 서 있는 분이 누구신지를 알려 주세요!"

나는 크게 숨을 모으고 그에게 소리쳤어요.

"이봐, 겁쟁이!"

그 순간 거인이 웃음기를 거두고 내게 대답했어요.

"너 지금 겁쟁이랬냐?"

"그래, 겁쟁이! 얼마나 겁이 많기에 그렇게 큰 칼과 방패를 들고 나온 거야? 그 두꺼운 갑옷은 또 뭐고?"

그는 어이없는 표정을 지으며 말했어요.

"요 쥐새끼가 빨리 죽고 싶어 난리구나! 가루로 만들어 들개 밥으로 던져 줄까?"

나는 웃으며 말했어요.

"들개의 밥이 되는 건 내가 아니라 겁쟁이 바로 너야!"

거인이 더는 못 참겠다는 듯 괴성을 지르며 달려오기 시작했어요. 나도 주머니에서 돌을 꺼내며 거인 쪽으로 달렸어요. 동시에 돌을 무릿매 안에 넣고 힘차게 돌렸지요. 그리고 끈이 최대로 팽팽해진 순간 나는 망설이지 않고 돌을 힘껏 날렸어요.

휘리릭! 돌은 바람을 가르며 거인을 향해 날아갔어요. 순간 양쪽의 군사들이 조용해졌어요. 나뭇잎이 떨어지는 소리도 들릴 듯한 침묵이었어요.

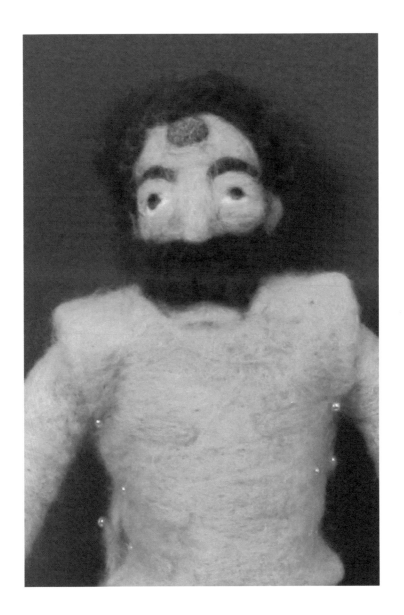

쿵-

이마 한가운데 돌이 박힌 블레셋 거인은 눈동자를 까뒤집은 채 땅바닥에 드러누웠어요.

"와아아!"

등 뒤에서 큰 함성이 터져 나왔어요. 조금 전까지 풀이 죽어 있던 이들이 맞나 싶을 만큼 거대한 함성이었어요. 블레셋 군인들은 눈앞에서 벌어진 일을 도저히 믿지 못하겠다는 듯 모두 굳어 버렸지요. 나는 그들에게 이 전쟁이 누구의 손에 있는지 확실히 보여 주기 위해 나보다 두 배는 큰 거인을 밟고 올라섰어요.

그의 단단한 근육 때문에 마치 바위를 밟고 선 것 같았어요.

'내 힘으로 싸웠다면 결코 이길 수 없었을 거야.'

나는 거인의 칼을 들어올려 그의 목을 베었어요. 들에서 양들을 지키다가 싸웠던 사자와 곰만큼이나 두꺼운 목이었어요. 내가 그의 목을 잘라내 높이 쳐들자 블레셋 군인들은 그제야 무기를 버리고 도망가기 시작했어요. 이스라엘 군사들은 더욱 크게 함성을 지르며 그들을 쫓아갔지요.

나는 다시 발 아래에 깔린 거인을 보았어요.

'하나님이 나를 통해 싸우셨다! 보잘것없는 이 꼬마를 통해서……'

나를 붙드신 크고 강한 팔이 느껴지자 눈물이 흐르기 시작했어요.

"다윗!"

이스라엘 병사 한 무리가 내 이름을 부르며 달려왔어요. 그들은 나를

껴안으며 소리쳤어요.

"다윗! 다윗! 다윗!"

내 이름이 엘라 골짜기에 크게 울려 퍼지기 시작했어요. 꼬마라고 불리는 데 익숙했기에 내 이름이 어색하게 들렸어요. 눈시울이 다시 붉어졌어요.

'나의 이름을 찾아 주신 하나님!'

사람들의 환호성이 잦아들 즈음에 나는 다시 거인의 머리를 손에 들고 소리쳤어요.

"여러분! 이 승리는 창이나 칼, 방패나 갑옷으로 얻은 것이 아닙니다. 하나님이 주셨어요! 이 자가 더럽힌 하나님의 이름과 그분의 백성들이 얻은 치욕을 주님께서 직접 씻어 주셨어요!"

"와아아!"

이스라엘 군사들이 달려와 내 몸을 높이 올렸다 받기를 되풀이했어요. 몸이 떠오를 때마다 나를 바라보는 형들이 보였어요. 형들은 이제 무시하거나 경멸하는 눈빛으로 나를 바라보지 않았어요.

한 번 더 몸이 솟구칠 때 문득 전에 시냇가에서 보았던 꽃잎이 떠올랐어요. 그때는 그 꽃잎이 힘없고 하찮게 보였지요. 하지만 주님의 손

66

안에 있기만 하다면 꽃잎이 아니라 그보다 더 작은 것이어도 아름답
고 귀하다는 것을 깨달았어요.

그가 친히 그 길을 만드시고 우리를 바다 가운데로 걸어가게 하셨
으나 그곳에서 그분의 발자국은 볼 수 없었다네. 수많은 사람이 지
나간 그 길 위에 그분은 자신의 흔적을 남기지 않으셨다네. 그러나
그의 돌봄을 믿는 이들에게 그분은 자신의 이름을 남기시네. 그들
의 이름도 자신에게 새기시네. 주의 이름을 의지하는 이들은 오직
그분으로 인해 승리한다네!

닫는 글

진리를 기뻐하며 하나님의 사랑 가운데 살아가는 이들은
실로 놀라운 사람들입니다.
하나님은 그런 하나님의 사람들을 보내 주셔서
우리가 가야 할 길을 보이시고 이끌어 주셨습니다.
그렇게 어느새 그들의 푯대가 우리의 푯대가 되었습니다.
고집 센 노새와 같았던 이들을 끌고 오느라 고생 많으셨습니다.
진심으로 감사드립니다.

문맥과 맞춤법을 수십 번 감수해 준 소중한 희지와 민지,
존재만으로도 우리에게 기쁨을 주는 지윤이에게
특별히 고마움과 사랑을 전합니다.

몽당연필보다도 볼품 없어

어디에도 쓰일 일 없을 것 같던 우리들,

그러나 하나님의 손에 쥐인다면 그 연필은

어떤 모양이든 상관없음을 깨닫는 시간이었습니다.

당신의 연필이 될 수 있음이 그저 기쁠 따름입니다.

'신은 없다' 생각하며 34년을 살아왔습니다. 군인 아내로 가족들을 뒷바라지하며 열심히 그리고 선하게 살려고 부단히 노력했지만, 체인이 풀린 자전거를 타는 것처럼 늘 위태롭고 헛헛했습니다.

그러다 7년 전 남편 교육 때문에 온 가족이 미국 버지니아로 갔습니다. 거기서 미군부대 내 마트 직원으로 일하시는 한인 집사님을 만났고, 쓸 만한 살림살이들을 비롯해 도움을 많이 받았습니다. 그래서 의리상 그분이 다니던 프레데릭스버그의 주찬양 한인 교회에 한 번은 가자는 마음으로 들렀는데 그곳에서 하나님을 처음 만났습니다. 예배가 시작되고 다 함께 드리는 회개 기도 시간, 걷잡을 수 없이 눈물이 터지고 머릿속을 거치지 않은 말이 나도 모르게 튀어나왔습니다.

"너무 늦게 와서 죄송합니다."

이제 와서 돌아보니 돌아온 탕자가 눈물로 드리는 고백이었지요. 버

선발로 뛰쳐나와 아들을 맞이하던 아버지의 마음과 꼭 닮은 목자를 만나 양육을 받았고, 하나님은 그런 귀한 사람들을 끊임없이 저희 삶 가운데 보내 주셨습니다.

책을 출판해 보자고 처음 제안한 목사님도 그런 분이셨지요. 반년 동안 《다윗: 현실에 뿌리박은 영성》을 읽으며 매주 한 차례 나눔을 하는 가운데 다윗의 이야기를 어떻게 써 나갈지 갈피를 잡아 갔습니다. 일도 하고 주부의 본업도 지키며 틈틈이 쓴 원고를 들고 목요일마다 목사님을 만나러 갈 때면 걸음이 쉬이 떨어지지 않았습니다. 목사님은 군더더기가 많은 날것 그대로인 글을 조심스레, 그러나 단호히 검토해 주셨습니다. 그러던 어느 날 '이제 쌀은 준비된 것 같다'고 하셨을 땐 얼마나 기뻤는지 모릅니다.

책에 들어갈 이미지의 재료를 정하는 일도 쉽지 않았습니다. 저도 출판을 위한 글쓰기가 처음이었지만, 언니 역시 '양모'(羊毛)라는 재료가 처음이었으니까요. 서로 맞물리지 않는 톱니바퀴처럼 언니와 저는 글과 이미지를 조화롭게 할 방법을 도무지 찾지 못하고 있었습니다.

이대로는 더 이상 못하겠다는 마음이 들기도 했지요. 그러나 하나님은 기어코 조화를 이루어 굴러가도록 모난 우리 두 사람을 다듬어 가셨습니다. 이제는 다음 작품을 함께 구상하고 같은 꿈을 꾸는 동역자로 언니가 곁에 있어 든든하고 감사합니다.

원고는 완성되었지만 모든 면에 자신이 없었습니다. 여러 출판사에 제안서를 보냈지만 답이 없었지요. 좋은 경험이었다 여기며 잊고 지낸 지 몇 달이 지났을 즈음, 언니 교회의 수요 예배에 참석했습니다. 그런데 설교 내용이 《내 이름은 다윗》과 너무나 비슷했습니다. 그 교회의 담임목사님에게는 원고를 보여 드린 적이 없었습니다. 그런데 제3자의 목소리로 다윗 이야기를 들어 보니 참 좋은 내용이라는 마음이 들었습니다.

설교 제목을 다시 보았습니다. "하나님의 몽당연필" 순간 '몽당연필'이라는 출판사가 떠올랐지요. 출판 제안 메일을 보낼 출판사를 찾을 때 적어 둔 이름 중 하나였거든요. 처음으로 기대감과 원고에 대한 자부심을 안고 메일을 보냈고, 2주 후 긍정의 답신을 받을 수 있었습니다. 소름이 돋던 그 순간의 감격은 지금도 잊지 못합니다.

하나님 품으로 돌아온 제 삶이 굴곡 없이 늘 평탄하기만 한 건 아니었습니다. 여전히 눈물이 있고 갈등과 아픔도 있지요. 그러나 하나님 안에 있는 제 삶은 체인이 잘 채워진 자전거처럼 더 이상 허공을 치지도, 방향을 잃어버리지도 않습니다.

바람이 너무 많이 들어가 작은 장애물에도 요란하게 넘어질 때면 힘을 빼고 가는 지혜도 알려 주시고, 바람이 다 빠져 곱디고운 길도 꾸역꾸역 겨우 나아갈 땐 다정히 기다려 주시고 적절한 생기의 바람을 불어넣어 완주할 수 있는 용기와 소망을 주십니다. 그러니 그분과 함께 가는 이 길이 어찌 즐겁지 않을까요. 어찌 기대되지 않을까요. 이 길에 여러분도 저와 더불어 길벗이 되시면 어떨까요?

2024년 12월
이연경

살아갈 이유보다 살고 싶지 않았던 이유가 더 많았던 어린 시절을 보냈습니다. 그 시절 위로가 되어 주고 메마른 제 마음을 적셔 준 것은 그림 그리기였습니다. 틈만 나면 흙바닥에 쭈그려 앉아 그렸고, 공책의 여백에도 그렸지요. 어디서든, 무엇으로든 그림을 그릴 수 있는 곳이라면 쉬지 않고 그려 나갔습니다.

십대 시절 미술을 전공하고 싶다는 말에 경제적인 어려움 때문에 뒷받침해 줄 수 없다는 답이 돌아왔습니다. 제 마음속엔 긴 한숨이 이어졌지만, 저는 작은 용기조차 낼 수 없는 사람이었지요. 그 시절 열심히 다니던 교회에서조차 깊은 상처를 받아 사람들을 멀리하며 오로지 그림에서 위로와 안식을 찾으려 했습니다. 그런 저를 보며 앞으로 먹고살 일을 걱정하시던 부모님 앞에서 저는 말 한마디 하지 못했습니다.

어찌어찌 결혼을 하고 헤어짐을 겪은 뒤 딸아이와 함께 지금 사는 곳으로 삶의 터전을 옮겨 왔습니다. 그렇게 사람들과의 관계도 끊고 지내고 있을 때, 그리스도인으로 거듭난 동생이 믿음의 동역자가 되어 주었습니다. 그뿐 아니라 동생과 함께 책을 준비하게 되었습니다. 작품을 만들어 가는 동안 마음대로 되지 않아 속상하고 낙심될 때마다 나의 의지와 생각을 넘어서는 주님의 일하심을 알게 하셨고, 주님의 때를 기다리는 마음을 주셨습니다.

하나님을 떠나 있던 저를 다시 그분의 품으로 돌아오도록 눈물의 기도를 올린 동생은 살아오면서 제게 사랑의 감정을 채워 주는 유일한 사람입니다. 하나님이 주신 축복의 선물인 지윤이, 믿음의 동역자이자 사랑의 벗인 동생과 더불어 앞으로도 늘 감사하는 마음으로 하나님의 말씀을 담아 내는 작품을 빚으며 살아가기를 소망합니다.

2024년 12월

이윤서